Piano

Relax with
French Impressionist Piano

28 Beautiful Pieces

Selected by
Samantha Ward

ED 13853
ISMN 979-0-2201-3685-6
ISBN 978-1-84761-401-8

www.schott-music.com

Mainz · London · Berlin · Madrid · New York · Paris · Prague · Tokyo · Toronto
© 2016 SCHOTT MUSIC Ltd, London · Printed in Germany

ED 13853
British Library Cataloguing-in-Publication Data.
A catalogue record for this book is available from the British Library
ISMN 979-0-2201-3685-6
ISBN 978-1-84761-401-8
© 2016 Schott Music Ltd, London

Cover design by www.josellopis.com
French translation: Michaëla Rubi
German translation: Heike Brühl
Printed in Germany · S&Co.9288

Contents

Introduction

Schott Music's *Relax With* series is designed to help you unwind with some of the piano repertoire's greatest works, alongside lesser known pieces from the Baroque period right through to the 20th century. I have tried to include as many different styles and techniques as possible, whilst remaining within the boundaries of 'relaxing' pieces of music. It has been particularly enjoyable for me to delve into new works In producing these five collections, and to be able to include pieces by the most famous composers as well as by those who are less well known, such as Johanna Senfter, Xaver Scharwenka and, in the Folk collection, works from around the world by Georges Ivanovitch Gurdjieff and Thomas de Hartmann. I hope you enjoy the collections and that you too get to know new pieces along the way.
This Impressionist collection has been particularly interesting to compile. I have included many works by Debussy and Satie, all of which are truly wonderful and will serve as an excellent way in which to unwind. I decided to include all of Satie's *Gymnopedies* and *Gnossiennes* for you to have the complete set of these works.

Samantha Ward

Samantha Ward is a British Concert pianist, and founder and Artistic Director of the international festival and summer school, *Piano Week*. For more information, please visit **www.samanthaward.org**

Introduction

La collection « Moments détente » des éditions Schott est conçue pour vous aider à vous relaxer grâce à quelques-unes des plus grandes œuvres du répertoire pour piano ainsi que d'autres moins connues, de la période baroque à nos jours. Je me suis attaché à inclure dans cette sélection des techniques et des styles aussi variés que possible sans perdre de vue les propriétés « relaxantes » de la musique. J'ai eu beaucoup de plaisir à rechercher de nouveaux morceaux dans la perspective des cinq recueils de cette collection et me suis réjoui d'avoir la possibilité de choisir aussi bien des œuvres des compositeurs les plus célèbres que celles d'autres bien moins connus tels que Johanna Senfter ou Xaver Scharwenka ou, parmi les musiques du monde, celles de Georges Ivanovitch Gurdjieff et Thomas de Hartmann. J'espère que vous apprécierez ces recueils et qu'ils vous permettront à vous aussi de découvrir de nouvelles œuvres.
L'élaboration de ce recueil dédié à la musique impressionniste s'est révélée particulièrement intéressante. J'y ai inclus de nombreuses œuvres de Satie et Debussy, toutes vraiment magnifiques et particulièrement propices à la détente. J'ai décidé d'y inclure les *Gymnopédies* et les *Gnossiennes* de Satie dans leur totalité afin de mettre les deux cycles complets à votre disposition.

Samantha Ward

Fondatrice et directrice artistique du festival international et des cours d'été « Piano Week », Samantha Ward est une pianiste concertiste britannique. Vous trouverez davantage d'informations sur son site **www.samanthaward.org**

Einleitung

Mit der Reihe *Relax With* von Schott Music kann man mit vielen bekannten Klavierwerke sowie einigen weniger bekannten Stücken vom Barock bis zum 20. Jahrhundert entspannen. Ich habe versucht, so viele verschiedene Stilrichtungen und Techniken wie möglich zu berücksichtigen und dabei trotzdem den Aspekt der Entspannung nicht aus den Augen zu verlieren. Bei der Zusammenstellung der fünf Sammlungen war es für mich besonders schön, neue Werke kennen zu lernen und Stücke der ganz großen, aber auch Stücke von weniger bekannten Komponisten wie z. B. Johanna Senfter, Xaver Scharwenka und – in der Volksmusik-Sammlung – Werke aus aller Welt von Georges Ivanovitch Gurdjieff und Thomas de Hartmann in die Bände aufzunehmen. Ich wünsche Ihnen viel Spaß mit den Sammlungen und hoffe, dass auch Sie darin einige neue Stücke finden.
Die Zusammenstellung dieser impressionistischen Sammlung war besonders interessant. Sie enthält viele Werke von Debussy und Satie, die alle ganz wundervoll sind und eine sehr gute Möglichkeit bieten, sich zu entspannen. Ich habe mich entschieden, alle *Gymnopédies* und *Gnossiennes* von Satie in den Band aufzunehmen, damit diese Werke komplett gespielt werden können.

Samantha Ward

Samantha Ward ist eine britische Konzertpianistin sowie die Gründerin und künstlerische Leiterin von *Piano Week*, einem internationalen Festival und Ferienkurs. Weitere Informationen finden Sie im Internet unter **www.samanthaward.org**

à Mademoiselle Jeanne de Bret

1ᵉʳᵉ Gymnopédie

Erik Satie
(1866–1925)

Lent et douloureux [♩ = 76]

From the Schott edition *Satie: Piano Works, Vol.1* (ED 9013)

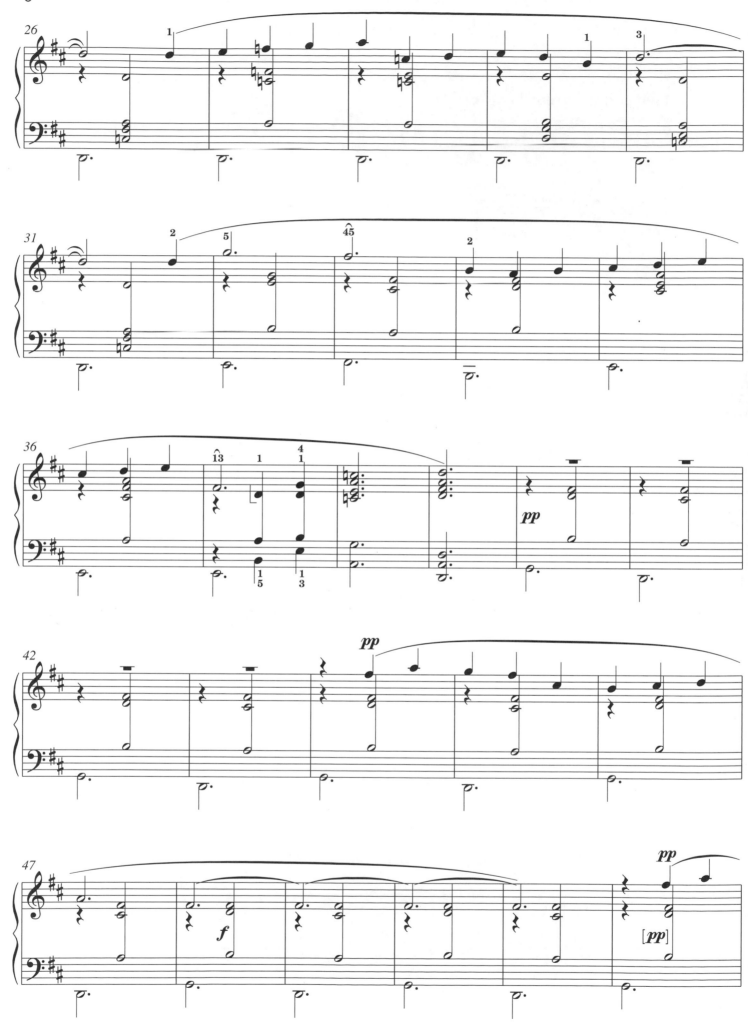

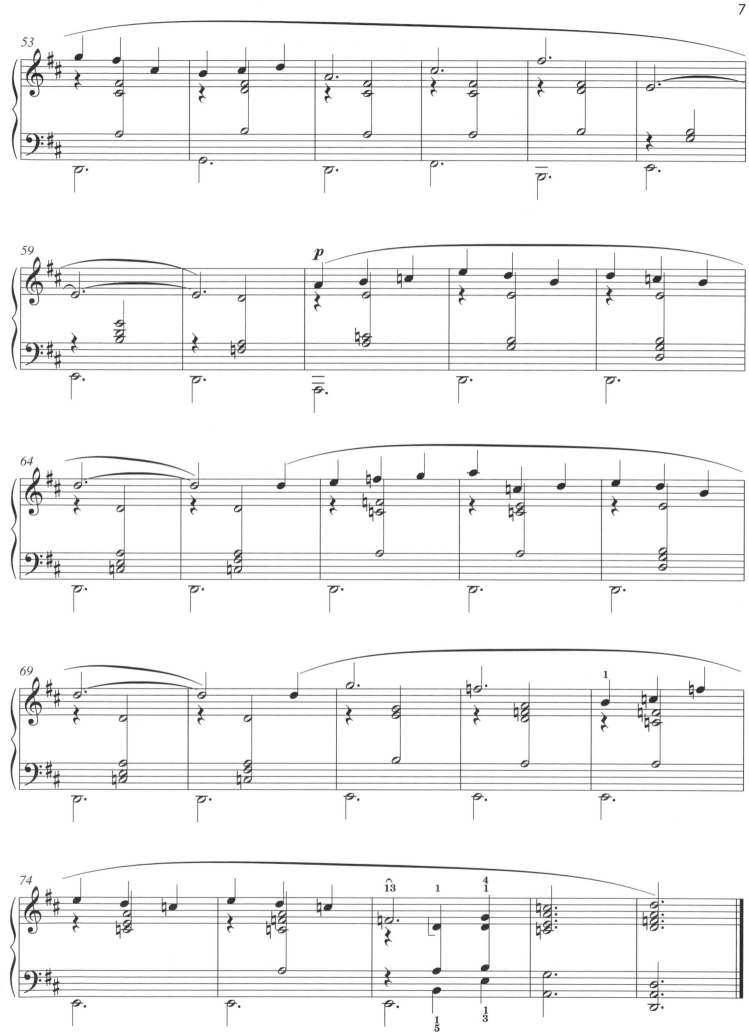

à Conrad Satie

2ᵉᵐᵉ Gymnopédie

Erik Satie
(1866–1925)

Lent e triste [♩ = 72]

From the Schott edition *Satie: Piano Works, Vol.1* (ED 9013)

à Charles Levadé

3ème Gymnopédie

Erik Satie
(1866–1925)

From the Schott edition *Satie: Piano Works, Vol.1* (ED 9013)

Pavane
Op. 50

Gabriel Fauré
(1845–1924)
Arr.: Hans-Günter Heumann

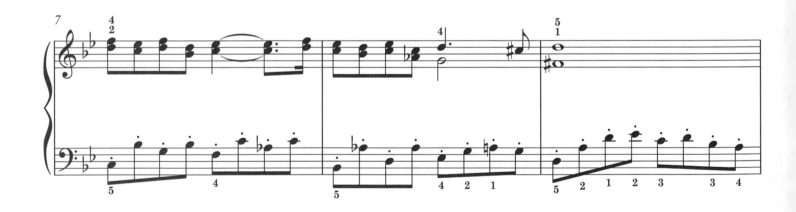

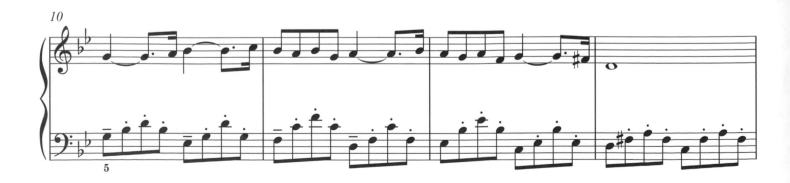

From the Schott edition *Pianissimo: Eine kleine Nachtmusik* (ED 20764)

Jimbo's Lullaby
Berceuses des éléphants
from *Children's Corner*

Claude Debussy
(1862–1918)

From the Schott edition *Debussy: Selected Works* (ED 7865)

Prélude d'Eginhard

Erik Satie
(1866–1925)

*) for small hands / pour des mains petites / für kleine Hände

From the Schott edition *Satie: Piano Works, Vol.2* (ED 9016)

This page is left blank to save an unnecessary page turn.

Petite Ouverture à danser

Erik Satie
(1866–1925)

Très modéré [♩ = 60]

poco rall.

au mouvement

From the Schott edition *Satie: Piano Works, Vol.2* (ED 9016)

Caresse

Erik Satie
(1866–1925)

Lent et très doux [♩ = 80]

From the Schott edition *Satie: Selected Works* (ED 20200)

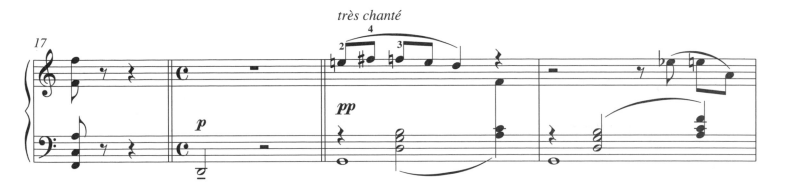

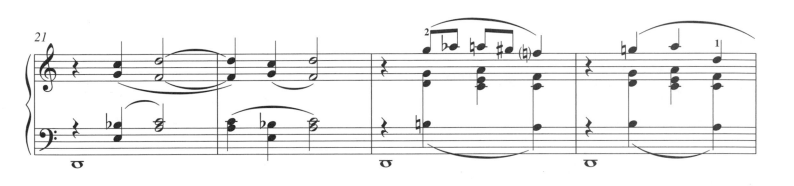

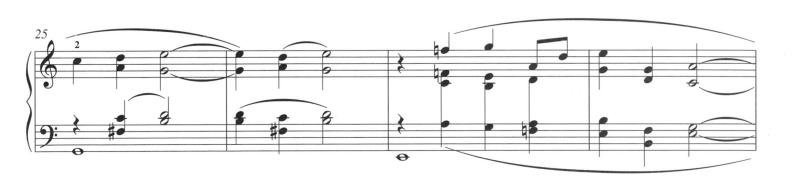

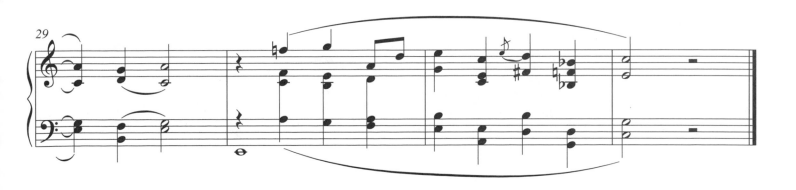

à Madame Clément le Breton

Valse-Ballet

Erik Satie
(1866–1925)

From the Schott edition *Satie: Selected Works* (ED 20200)

à mon ami J. P. Contamine de Latour

Fantaisie-Valse

Erik Satie
(1866–1925)

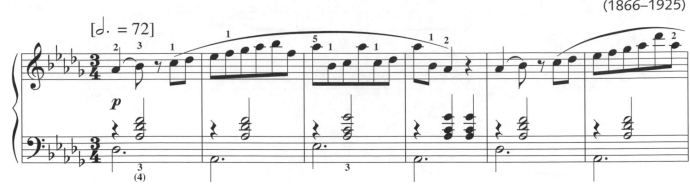

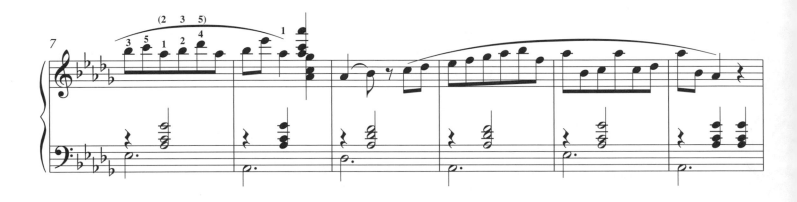

From the Schott edition *Satie: Selected Works* (ED 20200)

Première Pensée Rose ✛ Croix

Erik Satie
(1866–1925)

From the Schott edition *Satie: Piano Works, Vol.2* (ED 9016)

Des pas sur la neige

Préludes I, No. 6

Claude Debussy
(1862–1918)

*) This rhythm should sound like a sad landscape, covered with ice. /
Dieser Rhythmus soll den Klangcharakter einer traurigen und vereisten Landschaft haben.

From the Schott edition *Debussy: Famous Piano Pieces*, Vol.2 (ED 9037)

*) Wie eine zarte, traurige Sehnsucht/ Like a sweet sad desire

The Little Shepherd
from *Children's Corner*

Claude Debussy
(1862–1918)

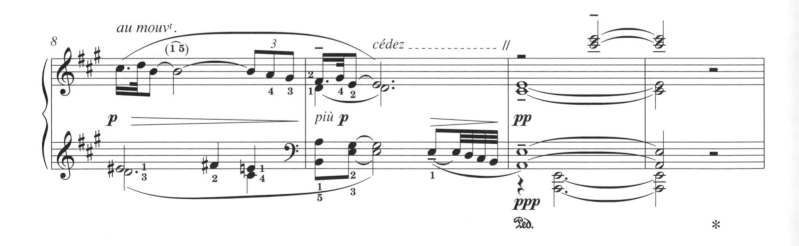

From the Schott edition *Impressionism* (ED 9042)

Pour invoquer Pan, dieu du vent d'été

from *six épigraphes antiques*

Claude Debussy
(1862–1918)

Modéré [♩ = 72] *dans le style d'une pastorale*

From the Schott edition *Debussy: Famous Piano Pieces*, Vol.2 (ED 9037)

à Roland Manuel

1ère Gnossienne

Erik Satie
(1866–1925)

From the Schott edition *Impressionism* (ED 9042)

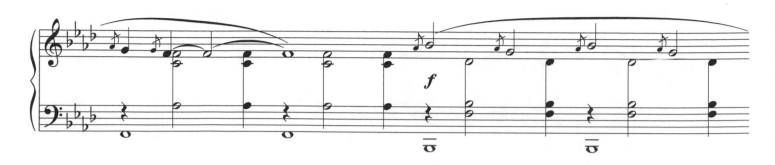

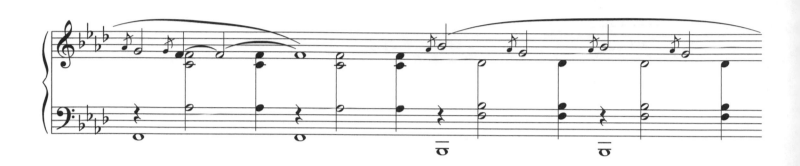

Du bout de la pensée (on the edge of the idea)

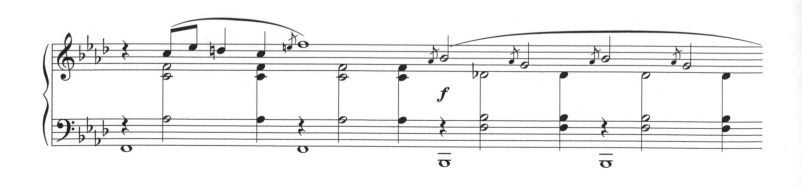

Postulez en vous-même (make your own demands)

Pas à pas (little by little)

Sur la langue (on the tip of the tongue)

2ème Gnossienne

Erik Satie
(1866–1925)

From the Schott edition *Impressionism* (ED 9042)

Avec une légère intimité (with a light intimacy)   *Sans orgueil (without arrogance)*

3ème Gnossienne

Erik Satie
(1866–1925)

Lent (♩ = 69) *(slowly)*

Conseillez-vous soigneusement (plan with care)

Munissez-vous de clairvoyance (arm yourself with perspicacity)

*Seul, pendant un instant
(alone, for a moment)*

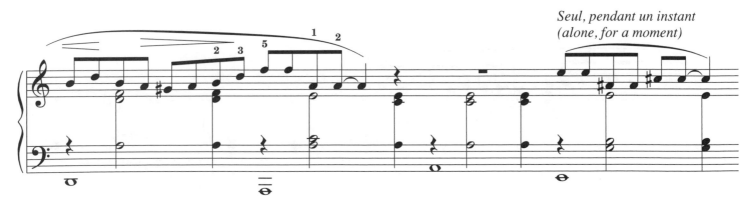

From the Schott edition *Impressionism* (ED 9042)

De manière à obtenir un creux
(how to achieve absolutely nothing)

Très perdu (quite lost)

4ème Gnossienne

Erik Satie
(1866–1925)

From the Schott edition *Satie: Piano Works, Vol.1* (ED 9013)

5ème Gnossienne

Erik Satie
(1866–1925)

From the Schott edition *Satie: Piano Works, Vol.1* (ED 9013)

6ème Gnossienne

Erik Satie
(1866–1925)

From the Schott edition *Satie: Piano Works, Vol.1* (ED 9013)

Rêverie

Claude Debussy
(1862–1918)

From the Schott edition *Debussy: Famous Piano Pieces*, Vol.2 (ED 9037)

Bruyères
Préludes II, No. 5

Claude Debussy
(1862–1918)

Calme – Doucement expressif ♩ = 66 [♩ = 60]

From the Schott edition *Debussy: Famous Piano Pieces*, Vol.2 (ED 9037)

au mouvement

En retenant

Danseuses de delphes

Préludes I, No. 1

Claude Debussy
(1862–1918)

From the Schott edition *Debussy: Famous Piano Pieces*, Vol.2 (ED 9037)

Première Arabesque

Claude Debussy
(1862–1918)

From the Schott edition *Debussy: Famous Piano Pieces*, Vol.2 (ED 9037)

Tempo rubato (un peu moins vite)

La Cathédrale engloutie

Préludes I, No. 10

Claude Debussy
(1862–1918)

Profondément calme [♩ = 58]

dans une brume doucement sonore

From the Schott edition *Debussy: Famous Piano Pieces*, Vol.1 (ED 9034)

This page is left blank to save an unnecessary page turn.

La fille aux cheveux de lin

Préludes I, No. 8

Claude Debussy
(1862 – 1918)

Très calme et doucement expressif

From the Schott edition *Pianissimo: Liebestraum* (ED 20573)

à Madame E. Rouart (née Y. Lerolle)

Sarabande

Claude Debussy
(1862–1918)

Avec une élégance grave et lente [♩ = 50]

From the Schott edition *Debussy: Famous Piano Pieces*, Vol.2 (ED 9037)

Clair de lune

from *Suite Bergamasque*

Claude Debussy
(1862–1918)

© 2016 SCHOTT MUSIC Ltd, London

From the Schott edition *Debussy: Famous Piano Pieces*, Vol.2 (ED 9037)